बालोपयोगी लोक पद्यकथाएँ

बालोपयोगी लोक पद्यकथाएँ

लेखक

सुरेश चन्द्र 'सर्वहारा'

साहित्यागार

बालोपयोगी लोक पद्यकथाएँ

लेखक

सुरेश चन्द्र 'सर्वहारा'

संस्करण 2021

ISBN ***978-93-90449-30-9***

मूल्य ₹ 225/-

Available on : Amazon.in, Flipkart.Com

प्रकाशक

साहित्यागार

धामाणी मार्केट की गली, चौड़ा रास्ता, जयपुर

☎ : 0141-2310785, 4022382, 2322382, 4032382,
Mob.: 9314202010
e-mail: sahityagar@gmail.com
website : sahityagar.com
webmail : mail@sahityagar.com

लेजर टाइपसैटिंग : साहित्यागार कम्प्यूटर्स

मुद्रक शीतल ऑफसैट, जयपुर

आमुख

बच्चों को संस्कारित करने में बाल साहित्य की महत्त्वपूर्ण भूमिका होती है। आज के बच्चे ही कल के नागरिक हैं, अतः उन्हें नैतिकता से युक्त स्तरीय बाल साहित्य उपलब्ध कराना हम सबका उत्तरदायित्व है। वे जैसा पढ़ेंगे उसी के अनुसार उनके चरित्र और जीवन का निर्माण होगा। अच्छे साहित्य के माध्यम से हम बच्चों को शिक्षा प्रदान कर उनके चरित्र का निर्माण कर सकते हैं। जिससे वे बड़े होकर आदर्श नागरिक बन सकें। कहानियों और कविताओं के माध्यम से हम उनको आस-पास के परिवेश से परिचित कराकर जीवन के संघर्षों से जूझने योग्य बना सकते हैं।

कहानी प्राचीनकाल से ही लोक-रंजन का विषय रही है। नाटकों में कहानी को ही दृश्य रूप में प्रस्तुत किया जाता है। कहानी लिखने से पहले भी कहानी कहने और सुनने की परम्परा रही है। हमारे बुजुर्ग बच्चों को मनोरंजन की दृष्टि से और समय काटने के लिए कहानी कहा करते थे। कहानी कहने-सुनने से समय ही नहीं कटता वरन् जीवन को सही ढंग से जीने के सूत्र भी मिलते हैं। इससे जीवन को नई दृष्टि और प्रकाश मिलता है। कहानी जीवन के व्यावहारिक पक्ष से बच्चों का परिचय कराती है। लोक कथाओं का इतिहास उतना ही पुराना है जितना मानव-जाति का इतिहास। इन कहानियों में समाज की संस्कृति के विभिन्न रूप प्रतिबिम्बित होते हैं। वस्तुतः लोक साहित्य मानवीय संवेदनाओं का वाहक है।

संस्कृत साहित्य में कहानियों का प्रचुर भण्डार है जो सैंकड़ों वर्षों से पाठकों का मनोरंजन करता हुआ, नैतिक शिक्षा प्रदान करता रहा है।

पंचतंत्र, हितोपदेश, वेताल पंचविंशति, सिंहासन द्वात्रिंशिका, शुक सप्तति आदि की कहानियाँ बच्चों का ही नहीं वरन् बड़ों का भी भरपूर मनोरंजन करती हैं।

ये कहानियाँ केवल भारतवासियों का ही मनोरंजन और शिक्षण नहीं करतीं अपितु विश्व की कई भाषाओं में अनूदित होकर अनेक देशों में पढ़ी और सुनी जाती हैं।

प्रस्तुत पद्य कथाएँ, लोक में प्रचलित कहानियों का ही पद्य में अनुवाद है। आज के भौतिकतावादी युग में हम अपनी संस्कृति से दूर होते जा रहे हैं। जीवन मूल्यों का ह्रास गहन चिंता का विषय है। अपनी अमूल्य धरोहरों और संस्कारों को सहेजने का हमारे पास समय नहीं है। व्यस्तताओं और पारिवारिक विघटन के कारण अब बच्चों को कोई कहानियाँ नहीं सुनाता है। टी.वी., कम्प्यूटर और इंटरनेट की दुनिया में खोये बच्चे सामाजिकता से दूर होते जा रहे हैं। आज विश्व भर में बच्चों पर मीडिया के कारण पड़ते हिंसात्मक प्रभावों को लेकर चिन्ता है। बच्चों को प्रारम्भ से ही ऐसा साहित्य पढ़ने के लिए प्रेरित किया जाए जो उन्हें संस्कारवान बनाए। बच्चों के सर्वांगीण विकास के लिए बाल साहित्य सर्वोत्तम साधन है।

बच्चों को स्वस्थ मनोरंजन, नैतिक शिक्षा और व्यावहारिक दृष्टिकोण अपनाने की प्रेरणा देने के हेतु कुछ चुनिन्दा लोक कथाओं का पद्य में अनुवाद कर युगानुकूल दृष्टि अपनाकर बच्चों के समक्ष प्रस्तुत करने का प्रयास इस संग्रह में किया गया है। इस संग्रह में कुल दस लोक कथाओं का पद्यानुवाद है जिनका संक्षिप्त विवरण इस प्रकार है-

1. वफादार मनकू- कहानी में बिना सोचे-समझे, जल्दीबाजी में कोई निर्णय नहीं लेने की सलाह दी गई है। पंडित की पत्नी नेवले के बच्चे को ही अपने बच्चे का हत्यारा समझकर मार देती है। बाद में उसे पता चलता है कि नेवले के बच्चे ने तो साँप को मारकर उसके बच्चे की जान बचाई थी। पंडित की पत्नी बहुत पछताती है, लेकिन अब पछताने

से कोई लाभ नहीं है। हमें किसी बात के सभी पहलुओं की अच्छी प्रकार जाँच-पड़ताल करके ही कोई निर्णय लेना चाहिए।

2. बन्दर और मगर- कहानी में दूसरों की बातों में आकर धोखा देने वाले मित्र से बचकर रहने की सलाह दी गई है। इस कहानी में एक बन्दर की मगर से दोस्ती हो जाती है। एक दिन मगर अपनी पत्नी की बातों में आकर धोखे से बन्दर को अपने घर ले जांता है, जिससे कि मगर की पत्नी बन्दर का कलेजा खाकर खुश हो सके। नदी के बीच में ही बन्दर को मगर की चालाकी का पता चल जाता है और वह मगर से कहता है कि उसका कलेजा तो पेड़ पर ही टँगा रह गया है। मगर बन्दर की बात पर विश्वास कर वापस उसे पेड़ के पास लाता है। बन्दर पेड़ पर चढ़कर अपनी जान बचाता है।

इस प्रकार यह कहानी हमें संकट के समय बुद्धि से काम लेने के लिए भी प्रेरित करती है।

3. धूर्त से मित्रता- कहानी हमें अनजान व्यक्ति से मित्रता करने में सावधानी बरतने की सीख देती है। कभी-कभी दुष्ट लोग मीठी-मीठी बातें करके भोले-भाले लोगों को अपने चंगुल में फँसा लेते हैं और बाद में धोखा देकर उनका जीवन बर्बाद कर देते हैं।

इस कहानी में हरिण अपने हितैषी मित्र कौए की बात न मानकर सियार से दोस्ती कर लेता है। सियार उसे अपनी बातों में लेकर दूर खेत में ले जाता है और वहाँ बिछे जाल में फँसा देता है। सियार खेत के मालिक किसान द्वारा हरिण के मारे जाने का इंतजार करता है, ताकि वह बहुत दिनों तक हरिण का माँस खा सके। बाद में जब कौए को हरिण का पता चलता है तो वह बड़ी मुश्किल से हरिण को बचा पाता है। हरिण अपने हितैषी कौए की बात नहीं मानने पर पश्चाताप करता है।

4. बदले की आग- कहानी में राजा मेंढक अपने ही सम्बन्धियों से बदला लेने के लिए परम्परागत शत्रु साँप से मित्रता कर लेता है। दुश्मन के साथ मिलकर बदला लेने की यह नीति मेंढक को भारी पड़ती है।

साँप ने अन्य मेंढकों को खाने के बाद राजा मेंढक के बेटों को भी खा डाला। राजा को अब अपनी भूल समझ में आई किन्तु वह बलवान शत्रु के आगे पूरी तरह विवश था। अंत में साँप, उस राजा मेंढक को भी खा जाता है। सच है जो अपने ही लोगों से बदला लेने के लिए शक्तिशाली दुश्मन से हाथ मिलाता है, वह अंत में स्वयं भी नष्ट हो जाता है।

5. भलाई- पद्यकथा में चींटे और चिड़िया के माध्यम से परोपकार की सीख दी गई है। पड़ौसी चिड़िया, चींटे को बाढ़ के पानी में डूबने से बचाती है तो चींटा भी चिड़िया की शिकारी के तीर से रक्षा करता है। संकट में एक-दूसरे के काम आना ही अच्छे पड़ौसी के लक्षण हैं। एक-दूसरे की सहायता करने से जीवन आसान हो जाता है और मन प्रसन्न रहता है। मनुष्य एक सामाजिक प्राणी है, अतः उसे यथा सम्भव एक-दूसरे की मदद करना चाहिए। यह सामाजिकता ही जीवन में खुशहाली ला सकती है।

6. परोपकारी चुहिया- कहानी दूसरे की पीड़ा को अनुभव कर उसे यथाशक्ति दूर करने की सीख देती है। एक चुहिया को बुढ़िया, कुम्हार, ग्वाले, राजा, बंजारे और दासी की सहायता कर सच्चे सुख की अनुभूति होती है। वस्तुतः बिना स्वार्थ के की गई सेवा ही सच्ची सेवा होती है। कहानी के बीच-बीच में प्रसंगानुसार कुछ सामयिक समस्याओं पर भी चर्चा की गई है, इससे बच्चों को अपने समय को समझने में सहायता मिलेगी।

7. झूठ के पाँव- कहानी में लोमड़ी और मुर्गे की बातचीत के माध्यम से झूठ का पर्दाफाश किया गया है। दूसरों को धोखा देने के लिए बार-बार झूठ बोलना अच्छी बात नहीं है। एक न एक दिन झूठ की पोल खुल ही जाती है।

इस कहानी में लोमड़ी मुर्गे को फँसाने के लिए पंचायत के निर्णय की झूठी कहानी गढ़ती है, लेकिन जब शिकारी कुत्तों का झुण्ड आता दिखाई देता है तो वह अपनी जान बचाकर भाग जाती है।

इस कहानी से शिक्षा मिलती है कि हमें अपने विवेक से झूठे व्यक्ति की पहचान कर उससे बचकर रहना चाहिए। हर किसी व्यक्ति पर सहज रूप से विश्वास नहीं कर लेना चाहिए।

8. श्रम का महत्त्व - कहानी हमें सुविधाओं के फेर में पड़कर श्रम नहीं करने से होने वाले नुकसान के प्रति सचेत करती है। शारीरिक श्रम नहीं करने से व्यक्ति आलसी हो जाता है और धीरे-धीरे उसके अंग भी काम करने की क्षमता खो देते हैं।

इस कहानी में कुछ गिद्ध एक टापू पर आसानी से उपलब्ध भोजन के कारण उड़ना और शिकार करना छोड़ देते हैं। धीरे-धीरे उनके शरीर का वजन बढ़ता जाता है और वे उड़ने की क्षमता पूरी तरह से खो देते हैं। चीतों को जब उनकी इस कमजोरी का पता चलता है तो वे गिद्धों पर आक्रमण कर अपना आहार बना लेते हैं। कहानी से यह शिक्षा मिलती है कि हमें सुखी जीवन जीने के लिए निरन्तर मेहनत करते रहना चाहिए। कहानी में बुजुर्गों के अनुभवों का लाभ लेने का भी आग्रह है।

9. आपस की फूट- पद्यकथा में दो सिर वाले पौराणिक पक्षी भारुण्ड के माध्यम से आपस में मिलजुल कर रहने और दूसरे की भावना को आदर देने की बात कही गई है। आपस में हिलमिल कर रहने से जीवन में प्रसन्नता बनी रहती है और आपस में वैर भाव या फूट हो तो एक दिन जीवन नष्ट हो जाता है। जीवन में सहिष्णुता का बड़ा महत्त्व होता है। हम छोटी-छोटी बातों को प्रतिष्ठा का प्रश्न बनाकर एक-दूसरे से बदला लेने की नहीं सोचें। हमारे हित आपस में बँधे हुए होते हैं।

10. दो ठग- कहानी में दो ठग, एक-दूसरे को ठगने के प्रयास में खुद ही ठगी का शिकार हो जाते हैं। अपने को बहुत अधिक होशियार समझकर दूसरे को धोखा देना अच्छी बात नहीं है। ईमानदारी से कमाए गए धन में ही जीवन की प्रसन्नता निहित है।

हास्य-प्रधान इस कथा के माध्यम से एक-दूसरे के साथ छल नहीं करने की सीख दी गई है।

ईमानदारी ही सर्वोत्तम नीति है। झूठ बोलकर दूसरे को धोखा देने वाला व्यक्ति अपना सम्मान खो देता है।

आशा है ये पद्यकथाएँ बच्चों को स्वस्थ मनोरंजन प्रदान करने में सहायक सिद्ध होंगी। इनसे बच्चे कविता के साथ-साथ कहानी का भी आनन्द प्राप्त कर सकेंगे। ये कथाएँ भले ही काल्पनिक भाव-भूमि पर आधारित हों, लेकिन बच्चों को यथार्थ की कठोरता से परिचित कराती हैं। बच्चे भावुक और कल्पनाशील होते हैं। उनके इन गुणों की रक्षा करते हुए, उनका व्यावहारिक दृष्टि से नाता जोड़ना भी हमारा कर्त्तव्य है, जिससे वे आत्मविश्वासपूर्वक असामाजिक तत्त्वों से अपनी रक्षा कर सकें। बालक सहृदय बनें, संवेदनशील बनें, साथ ही अपने आस-पास के परिवेश के प्रति सजग रहकर धोखों से बचें। मृगमरीचिका में प्यास बुझाने का सपना बच्चों के जीवन को अंधकारमय बना सकता है।

सामाजिक एवं पारिवारिक दृष्टि से नीरस होते इस समय में ये पद्यकथाएँ, बच्चों की बोझिलता को कम कर उन्हें जीवन के प्रति स्वस्थ दृष्टिकोण दें सकें, यही इस लोक पद्य कथा संग्रह के लेखन का उद्देश्य रहा है।

—सुरेश चन्द्र 'सर्वहारा'

अनुक्रम

वफादार मनकू

(1)

बहुत समय पहले रहता था
एक गाँव में पंडित,
राजसभा में अपने गुण से
था वह महिमा-मंडित।

(2)

गुजर रहा था एक बार वह
जब जंगल से होकर,
बैठ गया था पेड़ तले तब
खा पत्थर की ठोकर।

(3)

कुछ आहट-सी सुन पंडित ने
पीछे नजर घुमाई,
तभी नेवले का इक बच्चा
उसको दिया दिखाई।

(4)

पड़ी हुई थी वहीं पास में
बच्चे की मृत माता,
प्रसव-समय ही टूट गया था
उसका शिशु से नाता।

(5)

देख दृश्य यह उस पंडित की
आँखें थीं भर आईं,
सोचा–अब बच्चे की होगी
कैसे पेट भराई।

(6)

यहाँ रहा तो ऐसे ही यह
भूखों मर जाएगा,
या आ कोई हिंसक प्राणी
अभी इसे खाएगा।

(7)

नहीं! नहीं! मैं इसको ऐसे
कभी न मरने दूँगा,
इसे उठाकर घर ले जाऊँ
वहीं इसे पालूँगा।

(8)

फिर वह पंडित उस बच्चे को
अपने घर ले आया,
पास बुला अपनी पत्नी को
धीरे से समझाया।

(9)

अरी! देख यह बच्चा कितना

भोला-भाला प्यारा,

पैदा होते माँ खो बैठा

यह किस्मत का मारा।

(10)

पंडित ने अपनी पत्नी से
पूरी कही कहानी,
बोला-अबसे हमीं करेंगे
इसका दाना पानी।

(11)

नाम रखेंगे मनकू इसका
अबसे यहीं रहेगा,
चुभन कष्ट के काँटों की यह
आगे नहीं सहेगा।

(12)

पत्नी बोली वन्य-जीव यह
नहीं भरोसा इसका,
अनहित कर बैठे अनजाने
पता नहीं कब किसका।

(13)

मुन्ने के हित ठीक नहीं है
इसका घर में रहना,
छोड़ इसे जंगल में आओ
मानो मेरा कहना।

(14)

पंडित बोला-प्यार करेंगे
जब इसको बहुत घना,
तब अपने घर का सदस्य ही
हम लेंगे इसे बना।

(15)

मुन्ने को तो मनकू अपना
भाई ही मानेगा,
मुन्ने पर आए संकट को
यह अपना जानेगा।

(16)

लगा नेवले का वह बच्चा
पंडित के घर रहने,
उछल-कूद से उसकी घर का
आँगन लगा विहँसने।

(17)

पंडित की पत्नी रखती पर
मुन्ना सदा बचाकर,
काट कहीं ना खाए मनकू
उसे सताता यह डर।

(18)

एक बार पंडित की पत्नी
गई नदी जल भरने,
पंडित से बोली आने तक
घर पर ही को रहने।

(19)

पंडित ने सोचा किस्मत ने
कैसा किया छलावा,
अरे! आज तो राजा का था
पूजा हेतु बुलावा।

(20)

निकला ही जाता मुहूर्त है
मुझको जल्दी जाना,
धन पाने का ऐसा अवसर
अच्छा नहीं गँवाना।

(21)

चला गया पंडित भी घर से
यथाशीघ्र ही बाहर,
मुन्ने की रक्षा करने को
वह मनकू बैठाकर।

(22)

इसी बीच आ गया कहीं से
काला साँप भयंकर,
मुन्ने को डसने का उपजा
मन में मनकू के डर।

(23)

साँप बढ़ा जैसे ही आगे
मनकू मन में दहला,
लेकिन शीघ्र किया मनकू ने
दुश्मन पर जा हमला।

(24)

साँप नेवले में फिर जमकर
होने लगी लड़ाई,
और अंत में मनकू ने ही
विजय साँप पर पाई।

(25)

किए साँप के टुकड़े-टुकड़े
मनकू ने कर घायल,
मुन्ने पर आया संकट भी
इसके साथ गया टल।

(26)

वफादार मनकू जा बैठा
दरवाजे के बाहर,
था प्रसन्न वह आज बहुत ही
अपना फर्ज निभाकर।

(27)

पंडित की पत्नी जैसे ही
पानी भरकर आई,
मुँह पर खून लगे मनकू को
देख बहुत घबराई।

(28)

वह समझी इसने मुन्ने को
आज मार ही डाला,
अरे! इसे तो मैंने अपने
बच्चे-सा था पाला।

(29)

हाय! आज इसने मुन्ने के
प्राण ले लिए आखिर,
यही सोच पंडित की पत्नी
गई शोक से तब घिर।

(30)

क्रोधित हो उसने पानी की
भरी हुई तब मटकी,
बड़े प्यार से पूँछ हिलाते
मनकू के सिर पटकी।

(31)

तड़प उठा मनकू बेचारा
गिर धरती के ऊपर,
कातर होकर देखी स्वामिन
और गया फिर वह मर।

(32)

पंडित की पत्नी जैसे ही
पहुँची घर के भीतर,
मरा पड़ा देखा तब उसने
काला साँप वहाँ पर।

(33)

यह भी देखा ठीक तरह है
उसका मुन्ना बेटा,
अपने से ही खेल रहा है
वह झूले में लेटा।

(34)

पता भूल का चला उसे तो
बड़े जोर से रोई,
मनकू का उपकार याद कर
अपनी सुध-बुध खोई।

(35)

जल्दीबाजी में बच्चों तुम
काम कभी ना करना,
कहीं बाद में पड़ सकता है
पछताना भी वरना।

(36)

काम सोचकर करने वाले
कभी नहीं पछताते,
सुख से जीवन यापन करते
और सफलता पाते।

❖❖❖

बन्दर और मगर

(1)

एक घने जंगल के भीतर
नदी एक थी गहरी,
दृश्य देखने वह उस वन का
जैसे आकर ठहरी।

(2)

उसी नदी से कुछ दूरी पर
था जामुन का तरुवर,
बन्दर एक रहा करता था
उसी पेड़ के ऊपर।

(3)

एक मगर भी उसी नदी में
बहुत समय से रहता,
संग नदी की धारा के वह
दिख जाता था बहता।

(4)

मगर एक दिन नदी किनारे
बैठा था सुस्ताता,
हल्की-हल्की मस्त हवा का
था आनन्द उठाता।

(5)

बन्दर ने देखा नीचे को
एक मगर है आया,
मेहमान–सा उसे मानकर
वह बन्दर हर्षाया।

(6)

और मित्रता की बन्दर ने
पास मगर के आकर,
मीठे–मीठे फल जामुन के
दिए पेड़ से लाकर।

(7)

ताजा और पके फल खाकर
मगर खुशी से झूमा,
हाथ प्यार से बार–बार फिर
बन्दर का था चूमा।

(8)

मगर वहाँ आ अब प्रतिदिन ही
मीठे जामुन खाता,
रंग मित्रता का दोनों पर
गहरा चढ़ता जाता।

(9)

कुछ जामुन के फल अब घर भी
लगा मगर ले जाने,
उसकी पत्नी को भी जामुन
बहुत लगे थे भाने।

(10)

पहली बार चखे पत्नी ने
फल ये बड़े अनूठे,
इनके आगे लगे उसे सब
स्वाद जगत के झूठे।

(11)

एक दिवस पत्नी बोली थी
जामुन खाते खाते,
ऐसे मीठे जामुन प्रियतम
कहो कहाँ से लाते।

(12)

कहा मगर ने–अरी! मित्र है
कुछ दूरी पर बन्दर,
वही पेड़ से दे देता है
मुझको जामुन लाकर।

(13)

कहा मगर की पत्नी ने तब
मन में आहें भरकर,
इतने मीठे फल लाता जो
होगा कितना सुन्दर।

(14)

जिसके हाथों दिया गया फल
जब है मीठा इतना,
उस बन्दर का अरे कलेजा
होगा मीठा कितना।

(15)

मेरी इच्छा है बन्दर का
कभी कलेजा खाऊँ,
जिससे मैं भी बन्दर जैसा
कुछ मीठापन पाऊँ।

(16)

कहा मगर ने बात नहीं तुम
ऐसी बोलो रानी,
मुझे तुम्हारी मलिन सोच पर
होती है हैरानी।

(17)

बन्दर मेरा परम मित्र है
है भाई के जैसा,
कहो नहीं उसके बारे में
तुम कुछ ऐसा-वैसा।

(18)

नदी किनारे बैठे-बैठे
जो मेरा पथ तकता,
ऐसे साथी को मैं धोखा
कभी नहीं दे सकता।

(19)

बहुत क्रोध आया पत्नी को
बातें मगर की सुनकर,
कहा-अगर ना मिला कलेजा
तो जाऊँगी मैं मर।

(20)

किसी तरह भी उस बन्दर का
तुम्हें कलेजा लाना,
जब तक नहीं कलेजा ला दो
खाऊँगी ना खाना।

(21)

दु:खी हो उठा मगर बहुत ही
मति उसकी चकराई,
एक तरफ था अगर कुआँ तो
एक ओर थी खाई।

(22)

पत्नी की जिद के आगे वह
विवश हुआ बेचारा,
सोचा-पत्नी रूठ गई तो
होगा कठिन गुजारा।

(23)

इस दुविधा के बीच मगर वह
गया जहाँ था बन्दर,
आहत आज हुआ वह रोता
मन ही मन के अन्दर।

(24)

देख मगर को बन्दर बोला
क्यों उदास हो भाई,
भाभी से तो नहीं हो गई
जमकर कहीं लड़ाई।

(25)

कहा मगर ने-आया हूँ मैं
लेकर एक प्रयोजन,
भाभी ने है तुम्हें बुलाया
करने घर पर भोजन।

(26)

भाभी है नाराज तुम्हारी
कभी न तुम घर आए,
बस हमने ही रोज तुम्हारे
मीठे जामुन खाए।

(27)

कहती वह मेरे देवर को
आज साथ में लाना,
रोज-रोज जिसका खाते हो
सीखो उसे खिलाना।

(28)

भाभी मेरी कितनी अच्छी
खुश हो बोला बन्दर,
कैसे जाऊँ बना तुम्हारा
घर पानी के अन्दर।

(29)

कहा मगर ने करो न चिन्ता
घर मेरा है तट पर,
ले जाऊँगा तुमको तो मैं
लाद पीठ के ऊपर।

(30)

उचक मगर के पृष्ठ भाग पर
बैठ गया वह बन्दर,
चला मगर ज्यों ही तेजी से
लहरें उठी भयंकर।

(31)

देख–देख गहरे पानी को
बन्दर था घबराया,
लगा उसे तो आज मौत का
सिर मँडराया साया।

(32)

उधर मगर अब समझ गया था
बन्दर की लाचारी,
गहरे जल से बच न सकेगा
लगा शक्ति यह सारी।

(33)

मगर सोचता अब मैं इसको
बतला दूँ सच्चाई,
मेरे चंगुल से अब इसकी
होगी नहीं रिहाई।

(34)

कहा मगर ने-भाई बन्दर
मैंने तुझे फँसाया,
बना बहाना झूठा तुमको
यहाँ मारने लाया।

(35)

मेरी पत्नी की इच्छा है
तेरा मिले कलेजा,
अतः मुझे जिद कर उसने ही
तुमको लेने भेजा।

(36)

धोखेबाज मगर की बन्दर
समझ गया चालाकी,
सोचा-मौत निकट आने में
रहा न कुछ भी बाकी।

(37)

कुछ उपाय तो करना होगा
इस संकट से बचने,
लगी बुद्धि फिर उस बन्दर की
कुछ तरकीबें रचने।

(38)

बन्दर बोला–बात तुम्हें यह
पहले था बतलाना,
साथ कलेजा तब हम अपना
नहीं भूलते लाना।

(39)

भैया! मैंने उसी पेड़ पर
रखा कलेजा टाँगा,
वहीं तुम्हें देता उतार यदि
तुमने होता माँगा।

(40)

कहा मगर ने ऐसा है तो
चलो चलें हम वापस,
पत्नी को जिन्दा रखने हित
मुझे कलेजा दो बस।

(41)

बन्दर बोला– अरे मगर जी
मैं हूँ मित्र तुम्हारा,
काम तुम्हारे आ न सकूँ तो
जीना व्यर्थ हमारा।

(42)

चलो शीघ्र अब पास पेड़ के
वहीं कलेजा लेना,
ले जाना कुछ जामुन मीठे
भाभी जी को देना।

(43)

रहा मगर कमजोर बुद्धि का
चल कर वापस आया,
चाल चली थी जो बन्दर ने
समझ उसे ना पाया।

(44)

मगर पेड़ के नीचे आया
ज्यों ही बन्दर लेकर,
कूद पीठ से चढ़ा पेड़ पर
फुर्ती से वह बन्दर।

(45)

बड़ी देर तक वह बन्दर जब
नहीं पेड़ से आया,
नीचे खड़े मगर का भी तब
सिर थोड़ा चकराया।

(46)

कहा मगर ने कहाँ छुप गए
अब जल्दी भी आओ,
मुझको अपने घर जाना है
शीघ्र कलेजा लाओ।

(47)

ऊपर से ही बन्दर बोला-
अरे मूर्ख अब जा भी,
जान चाहती थी लेना ही
मेरी तो वह भाभी।

(48)

साथ कलेजा सबके होता
यह भी तू ना जाने,
लगता तेरी अक्ल गई है
कहीं घास को खाने।

(49)

आज बड़ी मुश्किल से मैंने
अपनी जान बचाई,
दूर चला जा तू नजरों से
चाहे अगर भलाई।

(50)

सुन बन्दर की बात मगर वह
आज बहुत था रोया,
कर न सका वह पत्नी को खुश
हाथ मित्र से धोया।

(51)

बच्चो! औरों की खुशियों हित
काम न अनुचित करना,
पछताना ही पड़े अन्त में
हमें मगर-सा वरना।

(52)

संकट से जब घिर जाएँ तो
करें धैर्य को धारण,
लगा बुद्धि हम भी बन्दर सम
दुःख का करें निवारण।

❖❖❖

धूर्त से मित्रता

(1)

कभी एक जंगल में रहता
हरिण बहुत ही सुन्दर,
वहीं एक रहता कौआ भी
घने पेड़ के ऊपर।

(2)

रहते-रहते उन दोनों में
हुई मित्रता गहरी,
बैठ छाँव में अब वे बातें
करते रोज-दुपहरी।

(3)

एक-दूसरे के सुख-दुःख में
रहती भागीदारी,
बनी विषय चर्चा का वन में
उन दोनों की यारी।

(4)

एक दिवस वह हरिण मजे से
जंगल में था चरता,
मीठी कोमल मगर घास से
मन ना उसका भरता।

(5)

तभी अचानक इक सियार की
नजर पड़ी थी उस पर,
मोटी ताजी देह देखता
वह मुँह में पानी भर।

(6)

खुशी उसे थी बड़े दिनों में
यह शिकार था पाया,
लेकिन सोच रहा था इसको
कैसे जाए खाया।

(7)

पास हरिण के आ वह बोला
कैसे हो तुम प्यारे,
मेरी इच्छा है बन जाओ
तुम भी मित्र हमारे।

(8)

कहा हरिण ने भैया तुमसे
कैसे होगी यारी,
मैं खाता हूँ घास-पात बस
तुम हो माँसाहारी।

(9)

तब सियार वह बोला-मैंने
माँस कभी का छोड़ा,
राह अहिंसा की चुनकर अब
हिंसा से मुँह मोड़ा।

(10)

कंद फूल फल खाकर ही मैं
करता जीवन-यापन,
पूर्णतया है शकाहारी
अब तो मेरा भोजन।

(11)

बहुत प्रभावित हुआ हरिण वह
सुन सियार की बातें,
और मित्रता के शब्दों की
दी हँसकर सौगातें।

(12)

साथ-साथ में उन दोनों को
जब कौए ने देखा,
खिंच आई उसके माथे पर
तब चिंता की रेखा।

(13)

कहा हरिण से ठीक नहीं है
अनजाने से यारी,
इससे इक दिन आ सकती है
हम पर विपदा भारी।

(14)

इस पर कहा हरिण ने तुम भी
कभी रहे अनजाने,
लेकिन अब तो लगते जैसे
जन्मों से पहचाने।

(15)

हुई मित्रता देखो जैसे
मेरी और तुम्हारी,
वैसे ही संभव है होना
इस सियार से यारी।

(16)

यह सुन कौआ मौन हो गया
सहन कर गया ताना,
नहीं चाहता था आगे को
वह अब बात बढ़ाना।

(17)

रहे बीतते दिन उनकी भी
रही मित्रता जारी,
छुपा रखी थी पर सियार ने
मन में कपट-कटारी।

(18)

हरिण मारने का मौका वह
अक्सर ढूँढा करता,
सच्चा साथी होने का पर
दम ऊपर से भरता।

(19)

उस सियार ने कहा हरिण से
घास यहाँ का सूखा,
कुछ दिन और रहे तो तुमको
मरना होगा भूखा।

(20)

चलो यहाँ से कुछ दूरी पर
फैली है हरियाली,
हरे-भरे खेतों की भैया
होती बात निराली।

(21)

है अनाज का अभी खेत में
कच्चा मीठा दाना,
स्वाद भरी इस हरी फसल को
तुम जी भरकर खाना।

(22)

चिकनी-चुपड़ी इन बातों में
शीघ्र हरिण वह आया,
सफल योजना होती देखी
तो सियार मुस्काया।

(23)

साथ हरिण के वह सियार था
खेतों में जा पहुँचा,
चरो यहाँ पर मित्र मजे से
बोला स्वर कर ऊँचा।

(24)

मग्न हो गया हरिण वहाँ तो
हरी फसल को चरते,
बिछे जाल में फँसा मगर वह
उछल-कूद तब करते।

(25)

छुपा झाड़ में देख रहा था
वह सियार रख दूरी,
बहुत दिनों की आस उसे अब
लगती होती पूरी।

(26)

लगा सोचने जब प्रातः को
कृषक यहाँ आएगा,
फँसा देखकर इसे जाल में
खुशी बहुत पाएगा।

(27)

मार इसे फेंकेगा जब वह
मैं बाहर आऊँगा,
बड़े मजे से बहुत दिनों तक
बैठ माँस खाऊँगा।

(28)

उधर शाम को बड़ी देर तक
हरिण नहीं जब आया,
कौए के मन में चिंता का
गहराया तब साया।

(29)

लगा ढूँढने मित्र हरिण को
वह कौआ बेचारा,
नहीं मिला तो देर रात को
लौटा घर थकहारा।

(30)

निकल पड़ा था फिर से कौआ
नया सवेरा पाकर,
दूर खेत में फँसे हरिण का
पता चला तब जाकर।

(31)

देख हरिण को कौआ बोला
तुम्हें बहुत समझाया,
किन्तु धूर्त की संगत में पड़
कुछ भी समझ न आया।

(32)

कहाँ गया वह धूर्त यहाँ से
फँसा जाल में तुमको,
देखो कैसा मजा चखाता
अब मैं भी हूँ उसको।

(33)

तभी हरिण कौए से बोला
की मैंने नादानी,
आज जान से उसकी कीमत
शायद पड़े चुकानी।

(34)

माफ मुझे कर देना भैया
जो कुछ भी तुम्हें कहा,
और हरिण वह पछताता था
आँखों से नीर बहा।

(35)

कौआ बोला धैर्य धरो अब
आँसू यूँ न बहाओ,
जैसा मैं कहता हूँ तुमसे
वैसा करते जाओ।

(36)

जब किसान आए तो अपनी
रोक साँस को लेना,
अपने को जीवित होने का
शक मत होने देना।

(37)

मरा जान कर वह किसान जब
तुम्हें दूर डालेगा,
साथ इसी के मौत तुम्हारी
समझो वह टालेगा।

(38)

जब बोलूँ मैं काँव-काँव तो
शीघ्र भाग तुम जाना,
पड़े रहो अब मरे हुए का
करके यहाँ बहाना।

(39)

कुछ देरी में वहाँ खेत का
मालिक था जब आया,
फँसे जाल में एक हरिण को
उसने मृत था पाया।

(40)

किया हरिण को मुक्त जाल से
डाल पास में आया,
इतने में ही वह कौआ भी
काँव-काँव चिल्लाया।

(41)

समझ गया संकेत हरिण वह
उठ तेजी से भागा,
दृश्य देख यह वह किसान ज्यों
चौंक नींद से जागा।

(42)

उस किसान ने डंडा लेकर
फेंक जोर से मारा,
किन्तु हरिण तो निकला आगे
तनिक न हिम्मत हारा।

(43)

छुपा झाड़ में वह सियार था
लगा उसी के डंडा,
चकराया तड़पा कुछ पल वह
और हो गया ठंडा।

(44)

कौआ और हरिण दोनों फिर
खुश होकर थे रहते,
करो मित्रता नहीं धूर्त से
सबसे यह ही कहते।

❖❖❖

बदले की आग

(1)

रहना हमको सदा चाहिए
आपस में हिलमिल कर,
और करें जितना हो संभव
हम सहयोग परस्पर।

(2)

मानव है सामाजिक प्राणी
इक दूजे पर निर्भर,
हो आपस में दया प्रेम तो
बहे सुखों के निर्झर।

(3)

किन्तु लोग कुछ करते रहते
आपस में ही झगड़ा,
जिससे उनका जीवन रहता
हरदम दुःख से जकड़ा।

(4)

लिया जिन्होंने दुश्मन से मिल
अपनों से ही बदला,
दिया उन्होंने इसी आग में
अपना घर-बार जला।

(5)

बलशाली दुश्मन को जो जन
जा आमंत्रण देते,
जान-बूझकर वे आफत को
अपने सिर पर लेते।

(6)

बच्चो! ऐसी एक कहानी
जरा ध्यान से सुनना,
सीख छुपी जो इसके अन्दर
उसको भी फिर गुनना।

(7)

एक कुआँ था बहुत पुराना
किसी गाँव के बाहर,
रहने वहाँ लगे थे मेंढक
दूर-दूर से आकर।

(8)

अपने-अपने परिवारों में
सब हिलमिल कर रहते,
एक-दूसरे के घर जाते
अपना सुख-दुःख कहते।

(9)

उस बस्ती में ही रहता था
राजा नामक मेंढक,
आए दिन उसकी औरों से
होती रहती बकझक।

(10)

खुद का भी परिवार बड़ा था
कितने ही थे भाई,
होती रहती थी राजा की
उनसे हाथापाई।

(11)

कहासुनी दामादों से भी
उसकी अक्सर होती,
उसका यह व्यवहार देखकर
पत्नी चुप-चुप रोती।

(12)

एक बार परिवार-जनों ने
मिल राजा को पीटा,
टाँग पकड़कर दामादों ने
बाहर उसे घसीटा।

(13)

यह मर्यादाहीन आचरण
राजा को बहुत खला,
सोच रहा वह दामादों से
अब कैसे ले बदला।

(14)

दूर कहीं तब इक दिन उसको
दीखा साँप सरकता,
सोचा-इससे पूर्ण मनोरथ
अब मेरा हो सकता।

(15)

कोशिश करके इसी साँप से
जरा मित्रता पालूँ,
ले जाकर मैं इसे कुएँ में
शत्रु खत्म कर डालूँ।

(16)

यही सोच कर राजा बोला
पास साँप के आकर,
हे प्रियदर्शी! धन्य आज मैं
साथ आपका पाकर।

(17)

माना मैंने रही दुश्मनी
अपनी बहुत पुरानी,
लेकिन सुन लें एक बार तो
मेरी करुण कहानी।

(18)

दामादों ने मुझे पीटकर
घर से दूर भगाया,
मजबूरी में आज आपसे
मदद माँगने आया।

(19)

कहा साँप ने–मेंढक राजा
व्यर्थ कष्ट क्यों सहते,
अब मुझको वह जगह बताओ
जहाँ सभी वे रहते।

(20)

मेंढक बोला–निकट गाँव के
एक बड़ा है बरगद,
पत्थर का है एक वहीं पर
कुआँ पुराना बेहद।

(21)

वहीं कुएँ पर एक छेद में
छुपा–छुपा मैं रहता,
अपने मित्रों से दूरी को
आखिर कब तक सहता।

(22)

एक खोखला ठीक बगल में
है सबसे अनजाना,
वहीं बैठकर आप मजे से
मेरे दुश्मन खाना।

(23)

साँप सोचता–बूढ़ेपन में
मुश्किल चलना–फिरना,
क्यों न मेंढकों को खाकर ही
पेट भरूँ मैं अपना।

(24)

यही सोचकर कहा साँप ने
चलो चलें हम भाई,
शत्रु–नाश में उचित नहीं है
देना और ढिलाई।

(25)

मेंढक बोला–नाग देवता!
जरा ध्यान यह रखना,
जिस जिसके भी लिए कहूँ मैं
केवल उसे निगलना।

(26)

कई वहाँ हैं मित्र हमारे
उनकी रक्षा करना,
महिलाओं बच्चों बूढ़ों के
प्राण नहीं तुम हरना।

(27)

कहा साँप ने–इन शर्तों से
अब मैं नहीं टलूँगा,
मान आपके निर्देशों को
अब मैं सदा चलूँगा।

(28)

दोनों मित्र कुएँ में पहुँचे
एक रहँट के द्वारा,
साँप खोखले में रहकर अब
करने लगा गुजारा।

(29)

अब दुश्मन की ओर इशारा
मेंढक करता जाता,
और साँप उन बेचारों को
एक–एक कर खाता।

(30)

साँप खा गया धीरे–धीरे
जब दुश्मन ही सारे,
तब बोला वह मेंढक से अब
किसके रहूँ सहारे।

(31)

मेरी भूख़ मिटाने का भी
कुछ प्रबन्ध तो करिए,
मुझ बूढ़े का पेट आप ही
जैसे–तैसे भरिए।

(32)

मेंढक बोला–आप यहाँ से
अब अपने घर जाएँ,
किया बहुत उपकार आपने
कैसे इसे जताएँ।

(33)

कहा साँप ने क्रोधित होकर
मैं तो हूँ अब बेघर,
किया और ने कब्जा होगा
मेरे बिल के ऊपर।

(34)

छोड़ कुआँ यह अन्य जगह मैं
कभी नहीं जाऊँगा,
खाने को दो प्रतिदिन वरना
तुम सबको खाऊँगा।

(35)

अपनी करनी पर वह मेंढक
लगा बहुत पछताने,
सोच रहा था काश साँप को
गया न होता लाने।

(36)

है छुटकारा अब तो मुश्किल
इस पापी से पाना,
खाने को देना ही होगा
कुछ इसको रोजाना।

(37)

एक-एक मेंढक फिर प्रतिदिन
लगा साँप वह खाने,
बची खुची मेंढक बस्ती कों
जल्दी से निपटाने।

(38)

बाकी मेंढक प्रियदर्शी का
जब बन चुके निवाला,
राजा के बेटें को उसने
तब चुनकर खा डाला।

(39)

लगा विवश बेचारा राजा
फूट-फूटकर रोने,
जा बैठा वह शीश पकड़कर
उजड़े घर के कोने।

(40)

"अब क्यों रोते अरे मूर्ख तुम"
पत्नी बोली आकर,
नष्ट जाति अपनी करवाली
यहाँ साँप को लाकर।

(41)

अरे! लोग अपने ही आखिर
काम दु:खों में आते,
रूठ भला ऐसे भी कोई
दुश्मन घर में लाते।

(42)

पत्नी बोली भाग चलें अब
किन्तु नहीं वह माना,
पत्नी के संग बुद्धि ने तब
छोड़ा साथ निभाना।

(43)

और अन्त में राजा भी वह
बना साँप का भोजन,
नष्ट कर गया कुनबा सारा
दुश्मन से संयोजन।

(44)

आपस के झगड़ों को बच्चो!
मिलजुल कर सुलझाना,
बदला लेने को दुश्मन से
हाथ न कभी मिलाना।

(45)

अपने से बलवान शत्रु को
जो है मित्र बनाता,
जान बूझ वह अपने हाथों
जहर स्वयं ही खाता।

❖❖❖

भलाई

(1)

आओ बच्चो सुनो ध्यान से
एक बहुत ही मधुर कहानी,
अक्सर इसे सुनाया करती
बचपन में थी मेरी नानी।

(2)

किसी गाँव में नदी किनारे
था बरगद का पेड़ पुराना,
शुरू किया था उसी वृक्ष पर
इक चिड़िया ने नीड़ बनाना।

(3)

पास जड़ों के उस बरगद की
बना हुआ था बिल भी छोटा,
बहुत समय से रहता आया
एक उसी में चींटा मोटा।

(4)

पहले-पहले चींटा चिड़िया
इक-दूजे से थे अनजाने,
बोझ बने एकाकीपन में
दिन पड़ते थे उन्हें बिताने।

(5)

धीरे-धीरे फिर दोनों में
मेल-जोल था बढ़ता जाता,
साथ-साथ रह समय बिताना
अब उनको था बहुत सुहाता।

(6)

नीचे कभी उतरती चिड़िया
कभी पेड़ पर चींटा चढ़ता,
बीत रहा था हँसी खुशी से
जीवन उनका आगे बढ़ता।

(7)

समय एक-सा नहीं रहे पर
होता यह रहता परिवर्तित,
कभी छाँव देता है शीतल
करता कभी धूप से तापित।

(8)

एक बार थी हुई गाँव में
बहुत देर तक बारिश भारी,
बनी हुई थी घर में रहना
तब सब लोगों की लाचारी।

(9)

बाढ़ नदी में चढ़ आई थी
सभी ओर था फैला पानी,
छुपी घोंसले में चिड़िया को
देख दृश्य होती हैरानी।

(10)

पानी बढ़ता ही जाता था
पार नदी के किए किनारे,
अरे! घुसेगा यह तो बिल में
काँपी चिड़िया डर के मारे।

(11)

लगा उतरने बिल में पानी
चींटा तब ऊपर को आया,
अनहोनी की आशंका से
चिड़िया का था मन घबराया।

(12)

वह चींटा बह चला बाढ़ में
चिल्लाता था–अरे बचाओ,
डूब मरूँगा मैं पानी में
करो मदद कोई तो आओ।

(13)

देख पड़ौसी को विपदा में
चिड़िया की आँखें भर आई,
बनूँ सहायक कैसे इसकी
बात किन्तु यह समझ न पाई।

(14)

तनिक सोचकर फिर चिड़िया ने
शीघ्र पेड़ से पत्ता तोड़ा,
उड़ी चोंच में लेकर उसको
चींटे के आगे जा छोड़ा।

(15)

चींटे ने जब पत्ता देखा
लगा जोर उस पर चढ़ आया,
सोचा कुछ तो दूर हो गया
आज मौत का सिर से साया।

(16)

जब चींटे ने नजर घुमाई
देखी चिड़िया ऊपर उड़ते,
इसने ही है जान बचाई
समझ गया वह पलक झपकते।

(17)

धीरे-धीरे वह पत्ता भी
बहते-बहते लगा किनारे,
उतर भूमि पर आया चींटा
काँप रहा जो डर के मारे।

(18)

सिमट गया जब सारा पानी
चींटा वापस बिल में आया,
हाथ जोड़कर दोनों अपने
चिड़िया का आभार जताया।

(19)

फिर से जीवन पटरी पर था
भूले मान इसे वे सपना,
सचमुच वह जीता है सुख से
याद न दुःख जो रखता अपना।

(20)

और पड़ौसी वह ही अच्छा
जो संकट में साथ निभाए,
प्रेम-भाव आपस में हो तो
जीवन-राह सुगम हो जाए।

(21)

बाद इसी घटना के कुछ दिन
बैठा था चींटा बिल बाहर,
चौंक पड़ा वह तभी अचानक
झाड़ी में कुछ आहट पाकर।

(22)

सावधान हो देखा उसने
छुपा हुआ था वहाँ शिकारी,
तीर चलाने की चिड़िया पर
चुपके से करता तैयारी।

(23)

बैठी थी डाली पर चिड़िया
इन सबसे होकर अनजानी,
नहीं पता था यहाँ किसी ने
उसे मारने की थी ठानी।

(24)

सिहर उठा चींटा अन्दर तक
जब उसने खतरा पहचाना,
सोचा चाहे जैसे भी हो
चिड़िया के हैं प्राण बचाना।

(25)

मेरे ऊपर ऋण चिड़िया का
चढ़ा हुआ है कितना भारी,
इसे उतारूँ कुछ तो मैं भी
आई है अब मेरी बारी।

(26)

आज मिला है अवसर मुझको
इस जीवन में करूँ भलाई,
जान बचाने मैं चिड़िया की
नहीं करूँगा तनिक ढिलाई।

(27)

तब चींटे ने शुरू कर दिया
जल्दी-जल्दी आगे बढ़ना,
निकट शिकारी के आ उसको
एक पैर पर था जा चढ़ना।

(28)

रहा निशाना साध शिकारी
गया ध्यान ना उस चींटे पर,
तभी काट खाया चींटे ने
अपना पूरा जोर लगाकर।

(29)

अरे बाप रे! काट लिया रे!!
तभी शिकारी लगा चीखने,
पीड़ा से उसको दिन में ही
अब तो तारे लगे दीखने।

(30)

शोर निकट ही सुन चिड़िया ने
खतरें का अनुमान लगाया,
झटपट वह उड़ गई शाख से
तीर पास में जब तक आया।

(31)

चूक गया था तीर निशाना
मलता था अब हाथ शिकारी,
और दर्द के कारण रह-रह
भरता भी जाता सिसकारी।

(32)

पाँव शिकारी ने जब देखा
सूजन वहाँ बहुत थी आई,
ठीक तरह चलने में उसको
अनुभव होती थी कठिनाई।

(33)

तभी शिकारी ने देखा था
तेजी से वह चींटा जाता,
भाग रहा था पूरे दम से
जैसे अपनी जान बचाता।

(34)

समझ गया वह चतुर शिकारी
काम इसी-चींटे का यह सब,
बोला-कौन बचा पाएगा
इसको मेरे हाथों से अब।

(35)

और मारने जब चींटे को
बढ़ा शिकारी गुस्से में भर,
इतने में तो जा पहुँचा था
वह चींटा बिल के ही अन्दर।

(36)

मुँह लटका रह गया शिकारी
ले सामान चला लँगड़ाते,
खुशियों से भर देख रहे थे
चींटा चिड़िया उसको जाते।

(37)

चींटे चिड़िया के जीवन में
फिर लौटे सुख के उजले पल,
लिया धैर्य से काम उन्होंने
छँटे दुःखों के काले बादल।

(38)

बच्चो! जितना बन पड़ता हो
हम औरों की करें भलाई,
भले काम करने वालों ने
जग में सुख की ज्योति जलाई।

(39)

हिलमिल कर रहने वालों से
बाधाएँ आ आकर हारी,
काँटे भी उनके जीवन को
महका जाते बन फुलवारी।

(40)

सभ्य कहाकर भी जो मानव
कभी और के काम न आते,
अच्छे उनसे चींटा चिड़िया
जो संकट में साथ निभाते।

❖❖❖

परोपकारी चुहिया

(1)

बहुत समय पहले की है यह
बच्चो! बिल्कुल अजब कहानी,
आज तुम्हें मैं वही सुनाता
जिसे सुनाती मेरी नानी।

(2)

एक सुबह छोटी-सी चुहिया
टहल रही थी घर के बाहर,
तभी दिखाई दी लकड़ी तो
रख दी बिल के अंदर जाकर।

(3)

हुई बहुत खुश वह चुहिया तो
लकड़ी का लघु टुकड़ा पाकर,
मानो दिया भाग्य ने उसको
धन कुबेर का सारा लाकर।

(4)

खुशियों से उछली फिरती थी
इधर-उधर वह चुहिया भोली,
जैसे उतरी उसके आँगन
आज बहारों की ही डोली।

(5)

कुछ दिन बीते चुहिया वह थी
घूम रही जंगल के बाहर,
गिरे फलों के बीज खा रही
पथ चलतों की आँख बचाकर।

(6)

बनी हुई थी वहीं पास में
घास –फूस की एक झौंपड़ी,
चुहिया ने सोचा मैं भी जा
करूँ वहाँ कुछ धमा–चौकड़ी।

(7)

वहाँ एक बुढ़िया देखी जो
रही यत्न से चूल्हा चेता,
लेकिन चूल्हा था जलने का
नाम नहीं थोड़ा भी लेता।

(8)

फूँकें दे दे मुँह दुःखता था
आँखों से आँसू थे निकले,
लेकिन धुँधुँआ कर बुझ जाते
जल ना पाते गीले उपले।

(9)

देख चुकी थी सब कोशिश कर
सुलग नहीं पर चूल्हा पाया,
भूख सताने लगी जोर से
अब दिन भी ऊपर चढ़ आया।

(10)

हुई पसीने से तर बुढ़िया
बैठ गई अपना सिर पकड़े,
बूढ़ेपन को लगी कोसने
जिसमें हैं पग-पग पर लफड़े।

(11)

उस बुढ़िया की दशा देखकर
चुहिया का था दिल भर आया,
निकट पहुँच पीड़ा पूछी तो
बुढ़िया ने सब हाल सुनाया।

(12)

बोली बुढ़िया-सुन री बिटिया
राजा जी की हुई मुनादी,
कहते लकड़ी काट करे ना
कोई भी वन की बर्बादी।

(13)

दण्ड मिलेगा उसको भारी
जो आदेश करे उल्लंघन,
कहना है अपने राजा का
अब वृक्षारोपण करो सघन।

(14)

इसीलिए अब ढूँढ ढूँढ कर
वन से उपले पड़ता लाना,
आज मिले गीले उपलों से
मुश्किल चूल्हा हुआ जलाना।

(15)

बुढ़िया का यह हाल सुना तो
आँखें चुहिया की भर आईं,
सोचा उसने कैसे मैं अब
इस बुढ़िया की करूँ भलाई।

(16)

दौड़ पड़ी वह झटपट घर को
लकड़ी दी बुढ़िया को लाकर,
बोली–यह ले सूखी लकड़ी
बना रोटियाँ इसे जलाकर।

(17)

सभी रोटियाँ झटपट सेंकी
उस बुढ़िया ने तब खुश होकर,
एक बड़ी मोटी-सी रोटी
दे दी चुहिया को भी लाकर।

(18)

रोटी लेकर चल दी चुहिया
आज बहुत खुश था उसका मन,
सोचा-सच्चा सुख मिलता है
औरों से रखकर अपनापन।

(19)

कुछ ही दूर चली थी चुहिया
एक कुम्हार तब दीख पड़ा,
और पास में उसका बच्चा
रोये जाता था खड़ा-खड़ा।

(20)

बहा रहा आँखों से आँसू
पुत्र कुम्हार का वह भूखा,
शेष नहीं था घर में कुछ भी
खाने को रूखा या सूखा।

(21)

बना रही थी बरतन माँ तो
छुपा हृदय में दुःख को भारी,
मिट्टी खिला रही बेटे को
बीच-बीच में वह बेचारी।

(22)

देख दृश्य यह निर्धनता का
काँप उठी अन्दर तक चुहिया,
बच्चे की इस विकल दशा ने
उसके मन को फिर द्रवित किया।

(23)

दे दी उस रोते बच्चे को
चुहिया ने तब रोटी अपनी,
बच्चे का अब रुदन थमा था
थी चुहिया के मन खुशी घनी।

(24)

चुहिया का यह काम मदद का
लगा कुम्हार को बहुत भला,
सोच रहा था अब मैं इसका
चुका सकूँगा कैसे बदला।

(25)

फिर उसने चुहिया को दे दी
सुन्दर-सी इक मटकी भारी,
बोला-बेटी मना न करना
लेने से यह भेंट हमारी।

(26)

अपनी राह चली वह चुहिया
सिर ऊपर रख भारी मटकी,
कभी वजन से लगता उसको
जैसे तो हो गर्दन चटकी।

(27)

उसी मार्ग में थोड़ा आगे
पड़ा दिखाई ग्वाले का घर,
जिसके बाड़े में भैंसों का
झुण्ड रहा था चारे को चर।

(28)

चुहिया ने थोड़ा रुक देखा
ग्वाला बैठा था सिर पकड़े,
पड़े हुए थे उसके आगे
टूटे हुए घड़े के टुकड़े।

(29)

अपने में वह रहा बड़बड़ा
आज भाग्य ने मुझको लूटा,
दही बिलौने का जो मटका
ग्वालिन के हाथों से फूटा।

(30)

नहीं निकल पाएगा घी अब
बेच जिसे लाता हूँ चारा,
बिन पैसों के हाय आज मैं
भटकूँगा बस मारा-मारा।

(31)

बीच-बीच में वह ग्वालिन से
झगड़ा भी था करता जाता,
पर इससे क्या हल निकलेगा
कौन भला उसको समझाता।

(32)

चुहिया को यह लगा न अच्छा
कोई जो आपस में झगड़े,
ग्वाले के घर गई सहमती
वह मटकी पंजों से पकड़े।

(33)

बोली–बीती बातों पर अब
उचित नहीं जो करो लड़ाई,
मुझको क्या करना मटकी का
इसको तुम ही रख लो भाई।

(34)

ग्वाला–ग्वालिन दोनों खुश थे
पहले जैसी मटकी पाकर,
दूर समस्या कर दी उनकी
किस्मत से चुहिया ने आकर।

(35)

ग्वाला सोच रहा मन ही मन
चुहिया मुझको भाई बोली,
तो कैसे इस धर्म बहिन को
जाने दूँ मैं खाली झोली।

(36)

ग्वाले ने खूँटे से खोली
भैंस एक जो मोटी ताजी,
और थमा रस्सी हाथों में
बहिन विदा की राजी–राजी।

(37)

चली भैंस को लेकर चुहिया
आँखों में सपनों को साजे,
यही सोच वह खुश होती थी
भैंस बँधेगी अब दरवाजे।

(38)

चली जा रही अपनी धुन में
वह चुहिया खुशियों से फूली,
तभी लगा उसको यह मन में
रही बात कुछ उससे भूली।

(39)

जब उसने सिर को खुजलाया
तभी समझ में आया लोचा,
अरे! भैंस के बारे में तो
मैंने अब तक कुछ ना सोचा।

(40)

कहाँ भैंस को बाँधूंगी मैं
कैसे होगा चारा-पानी,
और दूध को दुहने में तो
याद मुझे आएगी नानी।

(41)

ना बाबा यह भैंस पालना
बात नहीं बूते की अपने,
जितनी अपनी क्षमताएँ हैं
उतने ही हम देखें सपने।

(42)

एक अकेली ठीक बहुत मैं
बिना बात क्यों चिंता पालूँ,
खूब दिखाई देता है जब
क्यों आँखों में सुरमा घालूँ।

(43)

भैंस नस्ल की है यह दुर्लभ
राजाजी को जाकर दूँगी,
गले पड़ी यह आफत छूटे
अब बदले में कुछ ना लूँगी।

(44)

भैंस भेंट जब की चुहिया ने
झूम उठा खुशियों से राजा,
बोला–सुबह शाम पीऊँगा
दूध भैंस का अब मैं ताजा।

(45)

इस चुहिया ने सेवा की है
आज हमारी अच्छी खासी,
अतः इसे भी नजराने में
दे दी जाए सुन्दर दासी।

(46)

राजा का आदेश सुना तो
दौड़ पड़े थे नौकर–चाकर,
और शीघ्र ही अंतःपुर से
हाजिर कर दी दासी लाकर।

(47)

मना किया चुहिया ने लेकिन
बात गई ना उसकी मानी,
आख़िर में चुहिया को दासी
अपने साथ पड़ी ले जानी।

(48)

सोच रही थी चुहिया चलते
दुनिया है यह गड़बड़ झाला,
आफत एक गले से छूटे
तो दूजी से पड़ता पाला।

(49)

इतने में चुहिया को दिखता
ढोलक पर गाता बंजारा,
वह खोया-सा चला जा रहा
सूरत से लगता दुखियारा।

(50)

हालचाल पूछे चुहिया ने
मन का भेद कहीं तब खोला,
बिना ब्याह जग लगता फीका
बंजारा शरमाकर बोला।

(51)

डोल रहा हूँ अब तक यूँ ही
कहीं नहीं हो पाई शादी,
देख रहा हूँ खुद मैं अपने
जीवन की होते बर्बादी।

(52)

गीत सुनाकर अब ढोलक पर
मैं लोगों का दिल बहलाता,
उनकी खुशियों में खुश होकर
भूल दर्द मैं अपना जाता।

(53)

चुहिया ने यह कथा सुनी तो
नहीं लगाई देर जरा-सी,
वधू रूप में बंजारे को
शीघ्र सौंप दी उसने दासी।

(54)

आज भाग्य से दुल्हन पाकर
हुआ बहुत खुश वह बंजारा,
सोचा अब तो मेरे भी घर
आएगा सुख का उजियारा।

(55)

दासी के बदले चुहिया को
बंजारे ने दे दी ढोलक,
चुहिया के उपकार-भाव से
आँखें दासी की गई छलक।

(56)

चुहिया भी चल दी घर अपने
ढोलक पर गीतों को गाती,
औरों को खुशियाँ देने में
सच्चा सुख जीवन का पाती।

❖❖❖

झूठ के पाँव

(1)

एक लोमड़ी वन के कोने
सोच रही थी खड़ी खड़ी,
नहीं सुबह से कुछ भी खाया
लगती मुझको भूख बड़ी।

(2)

कुछ ही देरी में सूरज भी
लगता है ढलने वाला,
नहीं पेट में मेरे अब तक
जा पाया एक निवाला।

(3)

इधर-उधर भी गई खोजने
हाथ नहीं पर कुछ आया,
लगा उसे तो आज मौत का
सिर पर मँडराया साया।

(4)

तभी एक मोटा-सा मुर्गा
पड़ा पेड़ पर दिखलाई,
और लोमड़ी पाने उसको
मन ही मन थी ललचाई।

(5)

गई पेड़ के पास लोमड़ी
शक्ल बना अपनी भोली,
बाँग लगाते उस मुर्गे से
कोमल स्वर में यह बोली।

(6)

आओ मुर्गे भाई नीचे
क्यों बैठे इतने ऊपर,
आँख-मिचौली का खेलेंगे
आज खेल हम तुम मिलकर।

(7)

ऊब चुकी हूँ इस जंगल में
एकाकीपन मैं सहते,
उचट गया है मन जीने से
यहाँ अकेले अब रहते।

(8)

आज चाँदनी में खेलें लो
छुपम-छुपाई जी भरकर,
बहिन तुम्हारी बहुत दुःखी है
आओ नीचे शीघ्र उतर।

(9)

उस मुर्गे को भी जीवन का
अनुभव था अच्छा खासा,
बोला-जा री चतुर लोमड़ी
फेंक नहीं छल का पासा।

(10)

तेरी सब चतुराई जानूँ
बना नहीं मीठी बातें,
ऐसे ही करती आई हो
धोखे से तुम आघातें।

(11)

जाओ अपनी राह पकड़ कर
बनो जान की मत दुश्मन,
भरा हुआ तेरी बातों में
मात्र स्वार्थ का मैलापन।

(12)

नहीं लोमड़ी वह निराश थी
इतना सब कुछ भी सुनकर,
दुष्ट लोग धोखा देने को
रहते हैं हर पल तत्पर।

(13)

कहा लोमड़ी ने मुर्गे से
तुम तो हो बिल्कुल भोले,
नहीं जानते पूरी बातें
इसीलिए ऐसा बोले।

(14)

कुछ दिन पहले सब जीवों की
हुई एक थी पंचायत,
इसने ही दिलवाई भय से
हम सब जीवों को राहत।

(15)

नहीं सताएगा निर्बल को
अब वन में कोई प्राणी,
पंचायत की यही घोषणा
है हम सब की कल्याणी।

(16)

पंचायत का यह निर्णय है
वैर भाव अब सब छोड़ें,
मदद दुःखी की करने में भी
कभी न मुँह अपना मोड़ें।

(17)

तब से जीव सभी जंगल के
आपस में हिलमिल रहते,
प्रेम शांति के अब जंगल में
सबके मन निर्झर बहते।

(18)

तभी बात यह कहते कहते
गई लोमड़ी वहीं ठिठक,
देख रही थी दूर दिशा में
कर ऊँची गर्दन भौंचक।

(19)

अरे शिकारी कुत्तों की ये
आवाजें लगती आई,
और लोमड़ी यही सोचकर
भागी बिसरा चतुराई।

(20)

मुर्गा भी हैरान हुआ क्यों
डरी लोमड़ी बेचारी,
पर कुत्तों पर नजर पड़ी तो
बात समझ आई सारी।

(21)

मुर्गा बोला–रुको लोमड़ी
भाग रही क्यों यूँ डरकर,
उतर आ रहा मैं नीचे को
अब जाओ भी तनिक ठहर।

(22)

कुत्ते हों या शेर किसी से
अब क्यों हम भला डरेंगे,
पंचायत के निर्देशों का
ये भी सम्मान करेंगे।

(23)

आफत में वह फँसी लोमड़ी
किन्तु कहाँ रुकने वाली,
दीख रही थी उसे मौत की
आती ही छाया काली।

(24)

दौड़ लगाते बहुत जोर से
चिल्लाई वह जली-भुनी,
पंचायत की बात इन्होंने
लगता तुम सम नहीं सुनी।

(25)

मुर्गा तब हँसकर बोला था
पाँव झूठ के कहाँ अरे,
ऐसे में तुम बहिन लोमड़ी
रह पाती कैसे ठहरे।

(26)

चली गई जब धूर्त लोमड़ी
मुर्गा तब आया नीचे,
बच्चो! हम भी बात और की
मानें ना आँखें मीचे।

❖❖❖

श्रम का महत्त्व

(1)

कुछ ही सालों पहले की है
बच्चो! यह घटना छोटी,
लेकिन इसमें बात छुपी जो
सीख हमें देती मोटी।

(2)

आसमान में ऊँचाई पर
झुंड गिद्ध का था उड़ता,
ढूँढ रहा था खाने को पर
नहीं दिखाई कुछ पड़ता।

(3)

रहा भटकता कई दिनों तक
पा न सका लेकिन भोजन,
इसी खोज में नाप लिए थे
उसने कितने ही योजन।

(4)

उड़ते-उड़ते उसे दूर तब
इक टापू था दीख पड़ा,
लहराते गहरे सागर के
था वह बीचों बीच खड़ा।

(5)

हरियाली से अटा पड़ा था
पेड़ कई थे वहाँ सघन,
गिद्धों को तो लगा क्षेत्र वह
सचमुच ही नन्दन कानन।

(6)

मेंढक मछली झींगे घोंघे
बहुतायत से थे जलचर,
पक्षी भी थे तरह-तरह के
वहाँ पेड़ की शाखों पर।

(7)

इससे भी थी बड़ी बात यह
हिंसक पशु थे वहाँ नहीं,
अतः गिद्ध सब होकर निर्भय
रह सकते थे सदा वहीं।

(8)

उत्साहित थे गिद्ध सभी वे
रम्य जगह ऐसी पाकर,
कहते जीवन सफल हो गया
आज यहाँ अपना आकर।

(9)

कुछ कहते अब कहीं न जाना
बड़े मजे हैं अरे यहाँ,
मिला रहे थे सभी खुशी से
इक दूजे की हाँ में हाँ।

(10)

लगे बीतने दिन गिद्धों के
मस्ती से खाते-पीते,
खुश होते थे मन ही मन वे
बिन श्रम का जीवन जीते।

(11)

किन्तु गिद्ध जो सबसे बूढ़ा
उसे नहीं यह लगा भला,
सोचा उसने अरे! लोभ यह
देगा सबका काट गला।

(12)

और एक दिन अपनी चिंता
प्रकट सभी के की आगे,
जिससे आलस की निद्रा में
सोया गिद्ध-झुण्ड जागे।

(13)

कहा-भाइयो! उचित नहीं है
बिन श्रम के जीवन जीना,
यह तो मीठे लगते विष को
जान बूझकर है पीना।

(14)

जब से आकर बसे यहाँ हम
हुए सभी आराम-तलब,
खा पीकर सोते रहने से
मोटे होते जाते सब।

(15)

आसानी से भोजन मिलता
ना शिकार कोई करता,
कई महीनों से कोई तो
ना उड़ान देखा भरता।

(16)

मित्रो! हम हैं गिद्ध सदा जो
उच्च उड़ानें हैं भरते,
तेज दृष्टि से देख दूर तक
वार अचूक रहे करते।

(17)

लेकिन भूले सभी यहाँ आ
क्या शिकार क्या ही उड़ना,
यह तो है ठहरे पानी-सा
निश्चित जीवन का सड़ना।

(18)

किसी दृष्टि से उचित नहीं है
आलस में खोना जीवन,
अतः पुराने जंगल में ही
जाने का है मेरा मन।

(19)

चला सुबह ही कल जाऊँगा
यहाँ नहीं मुझको रहना,
चलें सभी तो अच्छा होगा
मेरा बस इतना कहना।

(20)

वृद्ध गिद्ध की बात सुनी तो
हँसी बहुत सबको आई;
बोले-लगती इस बूढ़े की
अक्ल हमें तो सठियाई।

(21)

कैसा मूर्ख हुआ जाता है
नहीं चैन से खा सकता,
बिना काम की उल्टी-सीधी
बातों को रहता बकता।

(22)

कहा एक ने मुझको तो यह
लगता है पूरा पागल,
बिन श्रम के मिल रहे निवाले
फिर भी सकता नहीं निगल।

(23)

अपनों से ही हो अपमानित
वृद्ध गिद्ध वह बेचारा,
लौट चला अपने जंगल को
आँखों में भर जल खारा।

(24)

बीत गए थे कई वर्ष फिर
बूढ़ा गिद्ध हुआ जर्जर,
डैने भी कमजोर हो गए
धुँधली पड़ने लगी नजर।

(25)

सोचा इक दिन वृद्ध गिद्ध ने
थोड़ा-सा है अब जीवन,
पता नहीं कब टूटे तन से
प्राणों का यह गठबंधन।

(26)

एक बार फिर क्यों ना जाकर
सभी साथियों से लूँ मिल,
देखूँगा जब अपनों को तो
जुड़ जाएगा मेरा दिल।

(27)

कर साहस उस वृद्ध गिद्ध ने
तय की टापू की दूरी,
उसके दृढ़ निश्चय के आगे
ठहर सकी ना मजबूरी।

(28)

जब उतरा वह टापू पर तो
सिर उसका था चकराया,
हँसी खुशी का चिह्न न दीखा
सन्नाटा पसरा पाया।

(29)

पड़े दिखाई जगह-जगह पर
गिद्धों के नौंचे डैने,
कहीं खून के धब्बे दीखे
कहीं चोंच पंजे पैने।

(30)

दृश्य भयानक यह देखा तो
मन में वह बूढ़ा रोया,
कहता था मैं बड़ा अभागा
जिसने सब कुनबा खोया।

(31)

वृद्ध गिद्ध ने इस घटना को
कई वर्ष पहले भाँपा,
देख सत्य पर आज सामने
वह अन्दर तक था काँपा।

(32)

तभी पास की झाड़ी में से
उसे सुनाई चीख पड़ी,
गिद्ध एक घायल देखा तो
वहीं दृष्टि रह गई गड़ी।

(33)

पास गिद्ध के जाकर पूछा
बन्धु! हुआ यह सब कैसे,
घायल गिद्ध कराहा पहले
फिर बोला जैसे-तैसे।

(34)

क्षमा करें हमने हितकारी
बात आपकी नहीं सुनी,
चुका रहे हैं अब प्राणों से
कीमत इसकी कई गुनी।

(35)

किया घोर अपमान आपका
हैं इस पर हम शर्मिन्दा,
यहाँ बचेगा कुछ दिवसों में
गिद्ध नहीं कोई जिन्दा।

(36)

पिछले माह यहाँ आए थे
ले जहाज सर्कस वाले,
प्रतिबन्धों के कारण छोड़े
यहाँ कई चीते पाले।

(37)

पहले तो चीतों ने हम पर
किया नहीं कोई हमला,
शनैःशनैः पर उन्हें हमारी
कमजोरी का पता चला।

(38)

जान गए वे उड़ने की भी
नहीं हमारी है क्षमता,
क्षीण हुए पंजों चोंचों का
चल फिर उनको गया पता।

(39)

ऐसे में चीतों ने हमको
शुरू कर दिया था खाना,
किसी हाल में रहा न संभव
उनसे बचकर रह पाना।

(40)

देख रहे हैं आज आप ही
बर्बादी का यह मंजर,
घोंप दिया है गिद्धों के तन
स्वयं मौत ने आ खंजर।

(41)

घायल गिद्ध बचे कुछ होंगे
यहाँ वहाँ छुपते फिरते,
गिनते होंगे अंतिम साँसें
घोर निराशा से घिरते।

(42)

और बात यह कहते कहते
तोड़ चला वह घायल दम,
वृद्ध गिद्ध रह गया देखता
कर आँसू से आँखें नम।

(43)

गिद्धों के इस दुःखद अन्त पर
शोक हुआ उसको भारी,
बुझे हृदय से उसने की फिर
उड़ जाने की तैयारी।

(44)

सुख-सुविधा पाकर गिद्धों ने
श्रम से था नाता तोड़ा,
इसीलिए उनके अंगों ने
कार्य-कुशलता को छोड़ा।

(45)

बच्चो! अपने अंगों से भी
नहीं काम यदि हम लेंगे,
धीरे-धीरे सब अवयव ही
अपनी क्षमता खो देंगे।

(46)

अगर काम ना लें दिमाग से
तो न रहेगा यह तीखा,
विस्मृत होगा धीरे-धीरे
जो कुछ भी हमने सीखा।

(47)

इसी तरह ही माँसपेशियाँ
यदि प्रयोग में ना लेंगे,
बाद समय के कुछ हम इनकी
सारी ताकत खो देंगे।

(48)

हिम्मत अपनी जिन्दा है तो
मात नहीं हमें खाएँगे,
मौत खड़ी नीचे होगी तो
हम ऊँचे उड़ जाएँगे।

❖❖❖

आपस की फूट

(1)

फूट नहीं होती है अच्छी
लेती है यह सब कुछ लूट,
सुख से जीने के सपने भी
दूर कहीं जाते हैं छूट।

(2)

प्रेम-भाव सब खो जाता है
अपनापन हो जाता दूर,
कड़वाहट मन में घुल जाती
जीवन बन जाता नासूर।

(3)

दुश्मन भी ऐसे मौके का
लाभ उठाता आकर खूब,
बड़े-बड़े परिवार राष्ट्र भी
इसी फूट से जाते डूब।

(4)

एक कथा मैं तुम्हें सुनाता
बच्चो! समझाने यह बात,
किया फूट ने जिसमें जमकर
सुखमय जीवन पर आघात।

(5)

रहता था प्राचीन काल में
कभी एक पक्षी भारुण्ड,
धड़ तो एक रहा था उसका
लेकिन दो थे उसके मुण्ड।

(6)

अलग-अलग दो सिर होने से
दोनों के थे अलग दिमाग,
इसीलिए तो सोच अलग भी
आई थी दोनों के भाग।

(7)

एक देह थी एक प्राण था
सोच मगर होने से भिन्न,
रहता था भारुण्ड सदा ही
बेचारा अपने में खिन्न।

(8)

इक सिर कहता पूरब की तो
दूजा जाता पश्चिम ओर,
दिखता इस खींचातानी का
नहीं कहीं पर कोई छोर।

(9)

दोनों सिर की जिद के आगे
था भारुण्ड बड़ा लाचार,
तालमेल के इस अभाव ने
बना दिया जीवन ही भार।

(10)

ऊपर से चाहे खुश दिखता
पर मन में था बहुत हताश,
यहाँ-वहाँ भटका फिरता था
भोजन करता हुआ तलाश।

(11)

एक दिवस वह वन के अन्दर
रहा व्यर्थ ऐसे ही घूम,
तभी गिरा फल दीख पड़ा तो
उठा एक सिर उसका झूम।

(12)

स्वाद लिया जब पहले सिर ने
फल पर शीघ्र चोंच को मार,
उसे लगा तब ऐसा फल तो
चखता है वह पहली बार।

(13)

पहला सिर बोला– यह फल है
सचमुच में अनुपम स्वादिष्ट,
नहीं चखा अपने जीवन में
फल मैंने तो इतना मिष्ट।

(14)

ऐसा मीठा भी फल होता
पता चला यह मुझको आज,
छुपे हुए हैं इस दुनिया में
ऐसे जाने कितने राज।

(15)

पहले सिर की ये बातें सुन
गया दूसरे का मन डोल,
बोला–मुझको भी फल चखकर
लेने दो मुँह में रस घोल।

(16)

यह कह दूजे सिर ने अपनी
चोंच बढ़ाई फल की ओर,
लेकिन पहले सिर ने उसको
दूर कर दिया था झकझोर।

(17)

बोला-तू इस फल पर अपनी
चला नहीं यह गन्दी चोंच,
मुझे मिले इस फल को देखो
तुम देना ना कहीं खरोंच।

(18)

दूजा बोला-हम दोनों का
देखो भैया! एक शरीर,
बँधी हुई है साथ जन्म के
आपस में अपनी तकदीर।

(19)

जिसको जो भी चीज मिले वह
खाएँ हम मिल-जुलकर बाँट,
तभी उदासी के कुहरे को
सहज भाव से सकते छाँट।

(20)

पहला सिर तब यह बोला था
बात तुम्हारी बिल्कुल नेक,
चाहे सिर दो रहे हमारे
किन्तु पेट तो अपना एक।

(21)

मैं खाऊँ इस फल को तो भी
भर जाएगा तेरा पेट,
अरे! इसे मैं खाकर ही तो
भूख रहा हूँ तेरी मेट।

(22)

तर्क सुने पहले सिर के तो
दूजे को हो आई खीज,
बोला–स्वाद ज़ीभ का भी तो
होता है भैया कुछ चीज।

(23)

तुनक गया पहला सिर यह सुन
बोला दूजे को फटकार,
जा रे! तेरे नहीं स्वाद का
मैं हूँ कोई ठेकेदार।

(24)

फल खाने के बाद पेट से
आएगी जो तुझे डकार,
उससे भी अनुमान स्वाद का
हो जाएगा भली प्रकार।

(25)

पहला सिर था इतना कहकर
फल खाने में फिर तल्लीन,
और दूसरा सिर बेचारा
रहा देखता बनकर दीन।

(26)

इस घटना को दूजे सिर ने
समझ लिया अपना अपमान,
पहले सिर से तब उसने भी
बदला लेने की ली ठान।

(27)

सोचा करता–पहले सिर का
कैसे अब मैं करूँ विनाश,
इस अवसर की चुपके–चुपके
करता रहता सदा तलाश।

(28)

नदी किनारे घूम रहा था
कुछ दिन बाद वही भारुण्ड,
उगे हुए थे वहाँ दूर तक
कई झाड़ियों के भी झुण्ड।

(29)

देख एक फल पड़ा निकट ही
बोल उठा दूजा सिर 'वाह',
अरे! इसी को बहुत दिनों से
पाने की थी मेरी चाह।

(30)

दूजा सिर था फल पर ज्यों ही
चोंच मारने को तैयार,
पहले सिर को लगा तभी था
जैसे खड़ा मौत के द्वार।

(31)

बोला–नहीं पता क्या इसमें
विष है कड़वेपन के साथ,
खाएगा तो हम दोनों ही
धोएँगे जीवन से हाथ।

(32)

कहा दूसरे सिर ने हँसकर
क्यों करता रे व्यर्थ विलाप,
बात नहीं जब मेरी सुनता
तो अब तू भी रह चुपचाप।

(33)

पहले सिर ने फिर समझाया
बात आज ले मेरी मान,
यह जहरीला फल खाया तो
जाएगी दोनों की जान।

(34)

किन्तु दूसरे सिर के ऊपर
था बदले का भूत सवार,
बोला- तेरे जन्म-मरण का
मान न मुझको ठेकेदार।

(35)

जो इच्छा है वह खाऊँगा
मेरे ऊपर है तू कौन,
चाहे जो भी रहे नतीजा
भुगत उसे अब रह कर मौन।

(36)

बड़े यत्न से यह फल पाया
है इसके विष का भी ज्ञान,
इसको खा मैं भूल सकूँगा
तेरे से पाया अपमान।

(37)

और दूसरे सिर ने सारा
फल खाकर कर दिया समाप्त,
तड़प-तड़प भारुण्ड वहीं पर
हुआ मौत को तब था प्राप्त।

(38)

वैर भाव से दोनों सिर का
गया कभी का नाता टूट,
और अन्त में जीवन को भी
ले बैठी आपस की फूट।

❖❖❖

दो ठग

(1)

रामनगर का गाँव रहा था
किसी समय वैभवशाली,
वहीं बसा फिर श्यामनगर भी
काट जगह जंगल वाली।

(2)

दया धर्म का पालन करते
इन गाँवों के रहवासी,
खुश रहते थे अपने ही में
खा रूखा सूखा बासी।

(3)

किन्तु अन्न के दानों में भी
मिल जाते जैसे कंकर,
वैसे ही भोले लोगों में
छुप जाते हैं ठग आकर।

(4)

खरी कमाई को लोगों की
कभी लूट ये ठग लेते,
भोले जन हाथों को मलते
दोष भाग्य को हैं देते।

(5)

ऐसे ही दो ठग आए थे
इन दो गाँवों के हिस्से,
जिनकी चालाकी के प्रचलित
दूर-दूर तक थे किस्से।

(6)

छगन रह रहा रामनगर में
श्याम नगर में मगन बसा,
शीश वही धुनकर रह जाता
जो भी इनके जाल फँसा।

(7)

सीधे लोगों को ठग लेना
काम बहुत हो सरल भले,
हँसी फूटती लेकिन जब ठग
इक-दूजे को कभी छले।

(8)

तो फिर बच्चो! सुनो कहानी
ऐसी ही इक ठग वाली,
चतुर बने दोनों ही ठग के
हाथ रहे जिसमें खाली।

(9)

इन गाँवों से कुछ दूरी पर
हाट एक देखा लगते,
जहाँ पहुँच कर छगन मगन भी
लोगों को रहते ठगते।

(10)

दोनों की रोजी चलती थी
इस ठग विद्या के बूते,
कभी-कभी पकड़े जाते तो
खा भी लेते थे जूते।

(11)

फिर भी लोगों को ठगने की
गई नहीं उनकी आदत,
सचमुच मुश्किल से है जाती
एक बार जो पड़ती लत।

(12)

छगन एक दिन बैठा घर में
गहरी चिन्ता में डूबा,
नहीं समझ पर कुछ भी आता
सोच सोच कर वह ऊबा।

(13)

हाट मनोहरपुर में कल को
लगने वाला है भारी,
किन्तु अभी तक हुई नहीं है
मेरी कुछ भी तैयारी।

(14)

हफ्ता भर के खर्चे की अब
कैसे होगी भरपाई,
किन्तु छगन को तभी अचानक
एक युक्ति दी दिखलाई।

(15)

उछल पड़ा था छगन खुशी से
खत्म हुई चिन्ता सारी,
बनना होगा मुझे हाट में
कल घी का ही व्यापारी।

(16)

लगा छगन मटकी में भरने
ठूँस-ठूँसकर तब गोबर,
फैलाया घी ऊपर जिससे
गोबर आए नहीं नजर।

(17)

ऐसे घी की मटकी को ले
छगन हाट की ओर चला,
सोच रहा था- देखें अबकी
जाता मुझसे कौन छला।

(18)

उधर मगन भी सोच रहा था
भाग्य मुझे ही क्यों छलता,
बहुत दिनों से ठग विद्या का
खास नहीं धन्धा चलता।

(19)

चौकन्ने अब लोग हो गए
पड़ा काम मेरा ठंडा,
अगर हाट मैं कल जाऊँ तो
अपनाऊँ क्या हथकंडा।

(20)

जोर बुद्धि पर जब डाला तो
उसे ध्यान कुछ यूँ आया,
घर में म्यान पड़ी है टूटी
जिस पर जाला है छाया।

(21)

क्या होगा तलवार बिना पर
म्यान अकेली से खाली,
कहीं नहीं देखी है बजते
एक हाथ से तो ताली ।

(22)

तभी तरीका एक अनौखा
उसको जल्दी से सूझा,
टूटी-फूटी ले वह लकड़ी
तलवार बनाने जूझा।

(23)

रंग चढ़ा कर चाँदी जैसा
म्यान मगन ने चमकाई,
तलवार बनी पीली लकड़ी
देती सोने की झाँई।

(24)

चला हाट को अकड़ दिखाता
शीश गर्व से ऊँचा कर,
कसी हुई तलवार कमर में
किन्तु समाया मन में डर।

(25)

पार गाँव के जब वह पहुँचा
वहीं छगन आ टकराया,
अभिवादन में फिर दोनों का
कुछ-कुछ मुखड़ा मुस्काया।

(26)

कहा छगन ने-सता रहा है
किसका भय तुमको भाई,
यह तलवार बगल में तुमने
किस कारण से लटकाई।

(27)

कहा मगन ने क्या बतलाऊँ
अपनी बात तुम्हें भैया,
महँगाई में डोल रही है
अब डगमग घर की नैया।

(28)

मेरी यह तलवार पुरानी
सात धातुओं से निर्मित,
आज बेचने इसे जा रहा
निर्धनता से हो शापित।

(29)

खैर सुनाओ अब तुम अपनी
सिर पर यह कैसी मटकी,
इससे आती खुशबू में तो
मेरी साँसें भी अटकी।

(30)

बोला छगन–अरे! मेरी है
घी की एक दुकान बड़ी,
इस मन्दी के कठिन दौर में
किन्तु आजकल बन्द पड़ी।

(31)

घूम–घूम कर अब तो घी को
मुझे बेचना है पड़ता,
तब जाकर घर की गाड़ी का
पहिया कुछ आगे बढ़ता।

(32)

इसे बेचकर घर की चीजें
आज मुझे थी ले जानी,
किन्तु देख यह म्यान तुम्हारी
लेने की मैंने ठानी।

(33)

भाँप गया वह चतुर छगन भी
उत्सुक यह लगता घी का,
ले ले यह पूरी मटकी तो
दूर हटे कंटक जी का।

(34)

आगे की फिर बात चलाई
उन दोनों ने बैठ वहीं,
सोच रहे थे सच्चाई की
लग जाए ना भनक कहीं।

(35)

दोनों ही ठग सोच रहे थे
हो जल्दी से सौदा तय,
खुल जाए ना राज ठगी का
सता रहा दोनों को भय।

(36)

कहा छगन ने–यह लो मटकी
स्वाद शुद्ध घी का चखना,
जब तक घी खाओ तब तक तो
भैया याद मुझे रखना।

(37)

मगन कहाँ चुप रहने वाला
बोला-उत्साहित होकर,
तलवार-म्यान दोनों देंगे
साथ तुम्हारा जीवन भर।

(38)

चोर नहीं कोई तकता है
जब घर में तलवार रहे,
जो रखता तलवार पास में
दुनिया उसको वीर कहे।

(39)

फिर क्या था दोनों ने अपनी
झटपट चीज बदल डाली,
मगन ले चला घी की मटकी
म्यान छगन ने सम्भाली।

(40)

दोनों मन ही मन खुश होते
अपने को दे शाबाशी,
जल्दी में वे छुपी बात की
ले पाए नहीं तलाशी।

(41)

घर आया था छगन ऐंठता
अपनी छाती को ताने,
देख बँधी तलवार बगल में
आँखें लगती मुस्काने।

(42)

जब पत्नी के सम्मुख आया
मूँछों पर था ताव दिया,
बोला–आज भाग्य से मैंने
कितना सुन्दर काम किया।

(43)

नहीं किसी की हिम्मत होगी
आँख दिखाए जो हमको,
अब पड़ौस में डरने की भी
नहीं जरूरत है तुमको।

(44)

ऐसा कह तलवार निकाली
लगा उसे था तब धक्का,
रंग चढ़ी लकड़ी देखी तो
खड़ा रहा हक्का-बक्का।

(45)

पत्नी के तो हँसते हँसते
लगे पेट में पड़ने बल,
बोली–चतुर बने फिरते हो
आज हुआ पर तुमसे छल।

(46)

उधर मगन लम्बे डग भरता
घर की ओर बढ़ा जाता,
हाथ लगा था मटकी भर घी
यही खुशी मन में पाता।

(47)

सोचा–पत्नी के कुछ दिन में
होने वाला है बच्चा,
घी कें लड्डू खाएगी तो
नहीं रहेगा तन कच्चा।

(48)

लगा रसोई घर में करने
वह लड्डू की तैयारी,
घी कड़ाह में पूर रहा था
उठा मगन मटकी भारी।

(49)

पर यह क्या थोड़ी–सी गिरकर
घी की धार लगी थमने,
और इसी के साथ मगन की
साँस लगी जैसे जमने।

(50)

चिन्ताग्रस्त मगन ने देखा
मटकी को फिर सीधी कर,
घी तो कबका बीत चुका था
बचा हुआ था बस गोबर।

(51)

बैठा था पत्नी के आगे
मुँह अपना वह लटकाए,
तर्क सफाई में अब क्या दे
नहीं समझ कुछ भी आए।

(52)

जो बनता था बड़ा धुरन्धर
आज मात उसने खाई,
लोभी मन खा बैठा धोखा
काम न चालाकी आई।

(53)

इस प्रकार दोनों ही ठग अब
घर में बैठे पछताते,
घटना ही यह कुछ ऐसी थी
क्या औरों को बतलाते।

(54)

बच्चो! ठगना किसी और को
अच्छी बात नहीं होती,
इससे इज्जत खोकर मानव
होता ज्यों फूटा मोती।

(55)

जो औरों से छल करता है
चैन उसे कब मिल पाता,
इस दुनिया में वही सुखी है
जो श्रम की रोटी खाता।

❖❖❖